USAGES RURAUX

DU CANTON DE

MONTFORT-LE-ROTROU

REVUS ET ARRÊTÉS LE 5 AOUT 1876

AVEC LES MODIFICATIONS NÉCESSITÉES PAR LE TEMPS ET LES BESOINS
DEPUIS LE 12 JUILLET 1842
ÉPOQUE A LAQUELLE ILS ONT COMMENCÉ A ETRE ÉCRITS ET PUBLIÉS
DANS CE CANTON

LE MANS
ASSOCIATION OUVRIÈRE (HETROT, GUÉNET et Cie)
5, RUE DU PORC-ÉPIC, 5

1898

USAGES RURAUX

DU CANTON DE

MONTFORT-LE-ROTROU

REVUS ET ARRÊTÉS LE 5 AOUT 1876

AVEC LES MODIFICATIONS NÉCESSITÉES PAR LE TEMPS ET LES BESOINS
DEPUIS LE 12 JUILLET 1842
ÉPOQUE A LAQUELLE ILS ONT COMMENCÉ A ETRE ÉCRITS ET PUBLIÉS
DANS CE CANTON

LE MANS
ASSOCIATION OUVRIÈRE (HETROT, GUÉNET et Cie)
5, RUE DU PORC-ÉPIC, 5

1898

USAGES RURAUX

DU CANTON

DE MONTFORT-LE-ROTROU

Revus et arrêtés le 5 août 1876

AVEC LES MODIFICATIONS NÉCESSITÉES PAR LE TEMPS ET LES BESOINS DEPUIS LE 12 JUILLET 1842 ÉPOQUE A LAQUELLE ILS ONT COMMENCÉS A ÊTRE ÉCRITS ET PUBLIÉS DANS CE CANTON

DOMESTICITÉ (1)

1. **Domestiques de ferme.** — Les domestiques des fermes et bordages se louent ordinairement pour une année entière qui commence le 1er avril ou le 24 juin. L'entrée du domestique a lieu habituellement ces jours-là dans la matinée, ou, au plus tard, le lendemain avant midi. Le sortant part en général les mêmes jours, après le déjeuner.

2. **Autres domestiques.** — Les autres domestiques se louent ordinairement aussi pour une année entière, qui commence à des époques moins fixes.

3. Les maîtres doivent éviter de faire et arrêter leurs marchés avec des mineurs ou des incapables. Cette recommandation serait ici superflue si on ne savait que beaucoup de maîtres commettent cette faute, qui les expose à ne pas avoir d'action et conduit certains domestiques mineurs, et quelquefois ceux qui ont autorité légale sur eux, à manquer de loyauté en s'arrangeant de manière à ne pas exécuter un marché la plupart du temps fait de bonne foi en principe. Quand les mineurs, ou incapables sont dépourvus des personnes ayant cette autorité légale, les maîtres doivent prudemment consulter le juge de paix sur ce qu'il convient de faire en pareil cas.

(1) Le contrat de louage est défini par l'art. 1.710 du Code Civil. La durée du louage des domestiques et des ouvriers ruraux est, sauf preuve d'une convention contraire, réglée suivant l'usage des lieux, art. 15 de la loi du 9 juillet 1889.

4. **Résiliation des marchés.** — Les domestiques indiqués sous les art. 1 et 2 ont, ainsi que les maîtres, 48 heures, à partir du moment du louage, pour résilier leur marché ; les derniers en abandonnant les arrhes données, et les premiers en rendant le double de celles reçues.

5. **Indemnités pour les domestiques de ferme.** — Ce délai expiré, les uns et les autres ne peuvent se dispenser de remplir leurs engagements qu'en payant une indemnité qui peut être égale au tiers du salaire de l'année ou du temps restant à courir, et cela à l'égard des domestiques des fermes et bordages seulement.

Pour les autres. — Quant aux autres domestiques, ils ne peuvent sortir et les maîtres ne peuvent les renvoyer avant l'expiration de l'année ou du temps convenu qu'en prévenant huit jours à l'avance ou en payant une indemnité égale aux salaires de huit jours.

6. **Indemnité en cas de mariage ou de maladie.** — Aucune retenue n'est faite au domestique qui sort, soit par mariage, soit par maladie bien constatée, ou qui est obligé d'aller au secours de ses proches parents dont la position est justifiée par un certificat du maire ou du médecin. Toutefois, en cas de mariage, le domestique sera tenu de donner avis de sa sortie au moins 8 jours d'avance ou de payer une indemnité égale au salaire de huit jours.

7. **Circonstances imprévues.** — De son côté, le maître n'est tenu à payer que les gages échus si une circonstance imprévue et malheureuse le force de cesser ses travaux agricoles, pourvu qu'il prévienne son domestique un mois avant le renvoi, en lui laissant la faculté de se retirer à sa volonté.

8. **Responsabilité du nouveau maître** — Lorsque le domestique sort sans payer l'indemnité exigible, son nouveau maître, dûment prévenu, devient responsable de sa dette.

9. **Quand le domestique quitte au moment de la récolte.** — Un dédommagement spécial est exigible si, peu de temps avant la fin du service, le domestique sort au moment des grands travaux de la campagne, ou s'il est renvoyé à l'entrée d'un hiver malheureux.

10. **Garçons pochetiers.** — Les garçons pochetiers des moulins doivent, quinze jours d'avance, prévenir de leur sortie et donner la liste des pratiques dont ils vont chercher le grain, à peine de dommages-intérêts qui peuvent s'élever jusqu'au prix de leurs salaires d'une quinzaine.

11. **Indemnité en cas de perte de journées.** — Le domestique qui a perdu des journées de travail, doit une indemnité égale à ses salaires pendant le temps perdu, et si le prix de nourriture est exigé en sus du prix de journée, il sera, par jour : pour un homme de

60 centimes, et pour une femme ou un jeune garçon au-dessous de quinze ans de 30 centimes, pourvu que, l'état de leur santé n'ait pas exigé des aliments particuliers.

12. Dans le compte de fin d'année, il est fait remise au domestique, jusqu'à concurrence d'une semaine, des journées qu'il a perdues par suite de maladie ou d'affaires sérieuses.

13. **Payement des gages.** — Le payement du temps perdu n'est plus exigible quand les gages ont été soldés sans réserves. Les gages sont payables le jour même de l'échéance, au domicile du maître, qui doit veiller à ce que son domestique acquitte les dettes légitimes qu'il a contractées à son service.

14. **Jours de congé des domestiques et pâtours, heure de rentrée** — Les domestiques des fermes et bordages ont ordinairement une sortie tous les quinze jours, le dimanche ; ils partent habituellement ce jour-là, si des besoins particuliers ne s'y opposent pas, après le déjeuner, à l'heure de la messe, s'étant préalablement acquittés des soins et travaux d'usage jusqu'à ce moment. Ils doivent rentrer le soir, au plus tard à dix heures. Ceci ne s'applique pas, bien entendu, aux pâtours qui partent vers la même heure, mais qui doivent rentrer pour la mise aux champs des bestiaux dans l'après-midi. Pour concilier les besoins et commodités réciproques des maîtres et des domestiques, pour la sécurité et la régularité de la conduite de ceux-ci, et en particulier des mineurs et jeunes filles dans cette condition, que le père, la mère ou le tuteur ne peuvent plus surveiller utilement, le maître doit veiller avec soin et même exiger que le domestique ne rentre jamais, les jours de sortie comme les autres jours, après dix heures du soir.

Si le domestique mineur ne se conforme pas à cette règle, le maître doit en avertir aussitôt que possible le père, la mère ou le tuteur: il peut même, après trois infractions commises dans l'espace de six mois, renvoyer le domestique et réclamer en même temps l'indemnité fixée par l'art. 5, qui pourra lui être allouée en tout ou partie, selon les cas.

Obligation du maître à l'égard des domestiques mineurs. — Comme l'observation de la règle dont il s'agit est encore plus dans l'intérêt du domestique mineur que du maître, il est bien entendu, par contre, que si ce dernier ne s'est pas conformé à la recommandation qui lui est ainsi faite, le père, la mère ou le tuteur pourra retirer le domestique mineur et obtenir la même indemnité, qui pourra également être allouée, en tout ou partie, selon les cas. Les sorties de quinzaine susmentionnées sont suspendues pendant la moisson.

15. **Payement des domestiques.** — Quand le père, la mère ou le tuteur veulent toucher les gages du domestique mineur, dont ils ne se sont pas occupés dans le courant de l'année, ils tiennent compte au maître de ce qu'il a acheté et dépensé pour habiller convenablement ce mineur.

16. **Effets, habillements. Acompte sur les gages.** — Les maîtres ne peuvent. sans consulter le père. la mère ou le tuteur. faire des payements ou donner des acomptes au domestique mineur sur les gages de celui-ci. Ils doivent même, autant que possible, surveiller les achats et dépenses à crédit que leur domestique mineur fait lui-même et en prévenir sans retard les personnes sus-indiquées que les marchands et fournisseurs doivent eux-mêmes consulter avec soin en pareil cas. pour rendre la dette légale et légitime et éviter les nombreuses contestations qui se produisent ordinairement lorsqu'ils réclament payement. En s'abstenant de se conformer à ces recommandations. on affranchit par le fait le mineur de l'autorité sous laquelle il est placé et on le prive du concours et des conseils de ceux qu'il a le plus grand besoin de consulter. ce qui a souvent pour lui les conséquences les plus fâcheuses.

VOISINAGE

17. **Mur. distance, étable, fosse à fumier.** — Pour bâtir auprès d'un mur appartenant en tout ou partie au voisin (*art.* 674, *Code civil*). il est indispensable d'exécuter les travaux suivants :

S'il s'agit d'une étable. d'une forme à fumier. etc. on construit un contre-mur. épais de 22 centimètres au moins et suffisamment élevé.

Matières corrosives contre un mur. — Si l'on établit un magasin de sels. ou un amas de matières corrosives. le contre-mur est épais d'un tiers de mètre ($0^m.334$).

Four. forge, fourneau. — Si l'on édifie un four, une forge ou un fourneau. il est laissé un intervalle vide et non clos. d'un sixième de mètre ($0^m.17$). entre les anciennes constructions et le nouveau mur ou contre-mur. dont l'épaisseur doit être d'un tiers de mètre ($0^m,33$).

Puits, fosses d'aisances. distance. — Un puits ou une fosse d'aisances exige un contre-mur d'un tiers de mètre d'épaisseur ($0^m.33$). De plus. pour les convenances à observer entre voisins et pour la salubrité. des lieux habituels d'aisances ne peuvent exister qu'à la distance d'au moins dix mètres des portes ou fenêtres du voisin, à moins d'être enclos d'un mur en pierre ou en briques d'une épaisseur d'au moins seize centimètres. et couverts et fermés de manière à empêcher les émanations sur le voisin et particulièrement vers les portes et fenêtres de celui-ci.

Puits. construction. distance. — Un mètre de maçonnerie totale suffit entre deux puits.

Un mètre un tiers de bonne maçonnerie est nécessaire lorsqu'il y a d'un côté un puits et de l'autre une fosse d'aisances; mais cette épaisseur ne peut être réclamée si le puits a été construit le dernier. et si les parois de la fosse sont imperméables.

Cheminée appuyée sur un mur mitoyen. – En appuyant une cheminée à un mur mutuel, on élève un contre-mur épais d'un sixième de mètre, qui peut être remplacé par une plaque en fonte quand l'épaisseur du mur est d'un demi-mètre. (Anciens usages de Paris et du Mans.)

18. **Cimetière.** — Nul ne pourra, sans autorisation, élever aucune habitation ni creuser aucun puits dans le voisinage d'un cimetière, sans se conformer aux règlements sur la matière et notamment au décret du 7 mars 1808.

19. **Rouissage, distance.** — Pour le rouissage des chanvres et lins, on doit aussi se conformer aux divers règlements et arrêtés de la Préfecture de la Sarthe. notamment pour les distances des villages et hameaux et pour le temps des écourues.

20. **Construction. alignement.** — Il est toujours prudent et souvent nécessaire de se concerter avec l'autorité compétente avant de bâtir, de planter ou de creuser sur les bords des grandes routes et des chemins vicinaux. (En matière d'alignement. il faut pour la grande voirie demander au Préfet; pour la petite voirie au Maire. L'agent voyer n'a pas qualité pour donner seul un alignement. Cour de Cassation. du 29 mai 1852).

21. **Dépôt. cour commune.** — Rigoureusement. il n'est permis de laisser séjourner aucun dépôt sans nécessité dans une cour commune, qui doit être considérée comme rue ou place publique.

22. **Fours communs.** – Les fours communs ne sont disponibles que depuis le lever du soleil jusqu'à son coucher.

23. **Haies mitoyennes entre champs.** — Une haie mitoyenne plantée entre champs, prés, bois et sapinières, quelle que soit son épaisseur réelle, est censée avoir une largeur de deux mètres un tiers ($2^{m},33$); de sorte que les arbres. dont l'écorce, à seize centimètres du sol, n'est pas à plus d'un mètre un sixième ($1^{m},17$) du centre de la haie, sont mutuels.

24. **Entre vigne et cour.** — Une haie mitoyenne entre vignes, cours et jardins, est censée avoir une largeur d'un mètre (1^{m}), largeur qui ne change pas lors même qu'il se trouverait d'un côté des champs. prés. bois ou sapinières.

25. **Arbre présumé mitoyen**. — Ne sont pas considérées comme faisant partie de l'arbre présumé mitoyen, les excroissances et racines existant au pied de la tige.

26. **Arbre mitoyen**. — Pour juger de la mitoyenneté d'un arbre, on plante un jalon de chaque côté à quatre mètres de la tige, au centre de la haie, du fossé ou du talus ; un troisième jalon, formant ligne droite avec les deux premiers, est placé vis-à-vis de l'arbre et c'est lui qui indique le point central destiné à lever la difficulté.

Dans les endroits où la forme de la haie, du fossé ou du talus ne permet pas de procéder ainsi, la délimitation des propriétés s'établit d'après l'état apparent des lieux.

27. **Haie mitoyenne, construction d'un mur**. — Le consentement de tous les propriétaires est nécessaire pour détruire une haie mitoyenne quand elle ne doit pas être remplacée par un mur de clôture.

28. **Ruisseau** — L'existence d'un talus ou d'une haie ne suffit pas pour prouver la non-mitoyenneté d'un ruisseau coulant plus de six mois par an.

29. **Réparation des talus**. — Celui qui fait ou répare un talus laisse, entre le pied de ce talus et l'héritage voisin, un intervalle d'un quart de mètre (0^m25) pour avoir la facilité de relever les terres qui tomberont par la suite.

30. **Arbre à haute tige. Distance**. — Il n'est permis de planter des arbres à haute tige qu'à la distance de deux mètres (2^m) de la ligne séparative des deux héritages, et à la distance d'un demi-mètre pour les autres arbres et les haies vives. (Code civil, 671.)

31. **Haies taillables**. — Les haies plantées à moins de deux mètres de la propriété voisine sont taillées tous les six ans, si elles sont entre prés, champs, bois et sapinières ; tous les trois ans si elles divisent des vignes ou jardins de fermes et bordages ; et tous les ans, si elles closent des jardins de maisons bourgeoises.

32. **Souches taillables**. — Les souches existant dans les haies sont taillées aux mêmes époques, lorsque leur tronc ne s'élève pas à plus d'un mètre et demi au-dessus du sol. (Modifié par le nouvel article 671. Loi du 20 août 1881.)

33. **A haute tige**. — Les autres souches sont considérées comme des arbres à haute tige. (Modifié par le nouvel article 671. Loi du 20 août 1881.

34. **Sapins à haute tige.** — Les sapins sont également considérés comme arbres à haute tige quand ils ont été éclaircis trois fois ou quand ils s'élèvent à plus de cinq mètres.

35. **Partage des fruits.** — Lorsque des branches d'arbres fruitiers s'étendent sur la propriété du voisin, il est d'usage que les fruits de ces branches soient partagés entre les deux propriétaires. (Voir notes, *Moniteur*, 1888, p. 401.) L'art. 673, a modifié cette clause (art. 673. Les fruits tombés naturellement de ces branches appartiennent au voisin sur lequel ils tombent,)

36. **Fossé, dimensions** — Ordinairement les fossés, au niveau du sol, ont une largeur d'un mètre un tiers (1^m33), réduite au fond à deux tiers de mètre (0^m66). Leur profondeur est de deux tiers de mètre (0^m66) et la lisière ou bordière entre le fossé et la propriété voisine, est d'un sixième de mètre (0^m17).

37. **Bornes.** — De vieilles souches servent quelquefois de bornes pour diviser les propriétés, mais le plus souvent on emploie des pierres brutes, sous lesquelles on place une tuile cassée en plusieurs morceaux. avec du verre, du mâchefer, de l'ardoise ou du charbon.

38. **Clôture du fossé.** — Il est permis au voisin de clore le bout d'un fossé facilitant la communication de son terrain avec une autre propriété ou avec un chemin. La clôture est faite en bois mort et ne doit pas nuire à l'écoulement des eaux.

39. **Curage des ruisseaux.** — Les propriétaires ou fermiers inférieurs curent leurs ruisseaux, bians et autres cours d'eau assez souvent pour que les héritages supérieurs ne soient jamais inondés. En cas de contestation, on s'adresse, soit à l'administration civile qui, par arrêté de police, statue sur la nécessité, l'époque et le mode de curage, soit au juge de paix compétent depuis la loi du 25 mai 1838, soit au tribunal civil chargé de prononcer sur les questions de propriété ou de servitudes.

40. **Passage avec voiture.** — Sur les propriétés non bâties. la largeur d'un passage pour voiture est au moins de trois mètres un tiers (3^m33). Les carrefours et les détours doivent avoir assez de développement pour permettre le tirage de tout un attelage ordinaire.

41. **Bestiaux.** — La largeur d'un passage pour bestiaux est de deux mètres (2^m).

42. **A pied, avec civières.** — Un mètre (1^m) suffit pour la largeur du tour d'échelle avec seaux et civières, ou pour un passage à pied ou avec civière. sans préjudice des dispositions et usages concernant les planches, courtils et vignes.

— —

43. **Exploitation des planches et vignes communes. Transport des fumiers** — Les planches enclavées des jardins, vallées et courtils communs s'exploitent, en été, par le fond ou sur le bord des rigoles de dessèchement ; en hiver, les fumiers sont transportés à travers les planches dont la récolte a été enlevée.

44. Dans les vignes, les rigoles creusées entre les planches servent de sentiers.

45. **Fauchage des prés communs et enlèvement des foins.** — Les prés communs doivent être fauchés avant le 22 juillet, jour où commence l'enlèvement des foins, sans indemnité pour les dégâts commis par les hommes, les chevaux et les voitures sur les terrains qui, destinés au passage, ne seraient pas encore fauchés.

46. Tous les foins sont enlevés des prés avant le 15 août.

47. **Vaine pâture. Nombre des bestiaux.**— Du 15 août au 8 septembre, suivant les localités plus ou moins exposées aux inondations d'automne, les bestiaux sont introduits dans les prés communs, à raison de trois chevaux, ou trois bœufs, ou six vaches, ou neuf jeunes taureaux, ou neuf génisses par hectare; par 33 ares, un cheval, un bœuf, deux vaches, trois taureaux, trois génisses.

48. Ces bestiaux sont retirés des prés avant le 1er février. Pour ce qui concerne la vaine pâture et la vente des blés en vert, voir la loi du 9 juillet 1889.

48 *bis*. **Abeilles.** — Le propriétaire d'un essaim d'abeilles a le droit de s'en ressaisir tant qu'il n'a pas cessé de le suivre (Lois des 28 septembre et 6 octobre 1791, art. 5). Peu importe qu'il ait cessé de le voir un instant, pourvu que l'identité soit constante. Autrement, l'essaim appartient au propriétaire du terrain sur lequel il s'est fixé. (Voir nouvelle Loi du 4 avril 1889, nos 8, 9 et 10, concernant les abeilles et les ruches à miel.)

CONGÉS

49. **Maisons.** — Les congés des maisons louées sans fixation de sortie, ne sont valables qu'autant qu'ils sont donnés plus de trois mois avant l'expiration de l'année, si le loyer ne s'élève qu'à 50 fr. ; plus de six mois, si le loyer est de 50 à 100 fr., et plus d'un an, si le loyer excède 100 fr.

50. **Terres annexées.** — Ne sont pas rangées dans la classe des bordages, les maisons qui, outre un jardin, n'ont que 50 ares de terre labourable.

51. **Fermes et bordages, terres et prés.** — Pour les fermes et bordages, et pour les terres, prés, vignes et jardins détachés, le bail verbal ou celui fait sans fixation de durée ou de sortie, cesse de plein droit à l'expiration du temps pour lequel il a été censé fait, d'après les règles expliquées par le Code civil ou l'usage des lieux, sans qu'il soit besoin de congé (1774-1775).

52. **Contributions à la charge du locataire.** — Le montant des contributions payées par le locataire, à l'acquit du propriétaire, est joint au loyer pour savoir à quelle époque il convient de donner congé.

53. **Chambres.** — Pour la sortie des maisons et des chambres louées au mois, il suffit de prévenir quinze jours avant la fin du mois.

54. **Congé écrit ou signifié.** — Le congé doit être écrit ou fait par acte extrajudiciaire ; celui fait verbalement en présence de témoins, peut etre insuffisant en cas de contestation.

55. **Remise des clefs.** — La remise des clefs est effectuée par les locataires et fermiers ou bordagers le jour de la sortie, à midi. Cette remise est différée de 24 heures quand la sortie tombe un dimanche ou un jour férié.

56. **Grands délogements.** — Dans les grands délogements, l'entrant pendant les huit jours qui précèdent son entrée, le sortant pendant les huit jours qui suivent sa sortie, ont droit à un local convenable et autant que possible fermant à clef, pour y déposer leur mobilier.

57. **Commencement des baux, biens ruraux ou maisons.** — Ordinairement, les baux des maisons commencent, soit le 1er mai, soit le 1er novembre. Les baux des fermes et des bordages commencent le 1er novembre. sans préjudicier cependant aux droits que peuvent avoir les locataires et fermiers sortants sur les produits non récoltés des jardins, des vignes et des pépinières.

58. **Contributions à la charge du fermier.** — Les contributions mises à la charge du fermier sont acquittées depuis le jour de l'entrée jusqu'au jour de la sortie.

SORTIE DES BIENS RURAUX (1)

59. **Graines semées dans les blés.** — Si le fermier sortant a semé des graines fourragères dans ses blés de mars, il doit lui être tenu compte de ses dépenses d'achat et de main-d'œuvre. S'il n'en a pas semé, son successeur aura le droit de réparer cette omission.

Trèfles dans les retours d'orge. — Il devra également souffrir ce dernier ensemencer des trèfles rouges après les retours orges ou avoines jusqu'à concurrence des deux tiers de la cotaison, y compris les trèfles de saison qui auraient été semés et considérés en état. Et, de son côté, le sortant peut semer des navets et autres herbes ou racines fourragères sur la moité du tiers restant vide de cette même cotaison.

Semence des blés retours. — Après le premier octobre, le fermier sortant est obligé de souffrir l'entrant faire les blés retours qu'il juge convenable, notamment dans les terrains sablonneux et destinés à recevoir du seigle.

Dans le cas où la cotaison de blé devrait être semée par l'entrant, ce dernier aurait le droit de préparer et de faire cet ensemencé au fur et à mesure de l'enlèvement des potages appartenant au sortant.

60. **Potages, moutons.** — Les bestiaux du fermier sortant n'entrent pas dans les prairies artificielles du dernier printemps ; il en sera de même pour les oies et moutons.

(1) Le bail à Colonat partiaire ou à moitié est réglé par la nouvelle loi du 18 juillet 1889, et statue sur la compétence du Juge de Paix par l'art. 11 de la dite loi.

61. **1/3 foin consommé sur place.** — Le sortant a le droit de faire consommer un tiers des foins récoltés et de disposer de la totalité des balles d'avoine et de trèfle rouge. Il a également la permission de mettre ses bestiaux dans les regains. Quant aux grosses et menues pailles, aux sicots de trèfle à graine, aux courtils et aux balles, autres que celles d'avoine ou du trèfle rouge, ils sont remis en bon état au fermier entrant.

Chanvre, haricots — Les chanvres et haricots pourront être enlevés par le sortant sans être teillés ou battus.

62. **Foin.** — Lorsqu'il n'a pas été récolté de foin, un tiers des menues pailles et de celles des trèfles à graine est destiné à la nourriture des bestiaux du sortant.

63. **Partage des foins, pailles** — Le fermier entrant préside au partage des foins et des pailles, il indique les endroits où il désire qu'ils soient mis.

64. **Choux.** — Il est laissé à sa disposition 450 choux cavaliers, bien venants par hectare de gros blé ou 198 par 44 ares.

65. **Battage des grains.** — Le battage des grains de toute espèce doit être terminé au premier novembre de sortie.

66. **Pressoir.** — Le sortant a la faculté de se servir du pressoir pour faire son vin, son cidre et son petit cidre, en laissant le marc de raisin et des pommes sur l'endroit.

67. **Semailles d'automne.** — Il fait les semailles d'automne, qui doivent toujours être terminées avant le premier novembre, à moins de circonstances extraordinaires.

68. **Sarclage.** — Au printemps, après le 1er mai, il souffre que l'entrant arrache, à la main, toutes les mauvaises herbes dans les gros blés.

69. **Battage des grains.** — Lors de la récolte et du battage, l'entrant et le sortant s'entendent ensemble pour que celui-ci loge et nourrisse dans les bâtiments de l'endroit les journaliers, les bœufs et les chevaux dont il a besoin.

70. A moins d'une saison trop pluvieuse ou d'une récolte trop abondante, le sortant bat les blés d'automne après sa sortie assez promptement pour que la grange soit libre à la récolte des orges et des avoines, faite par l'entrant.

71. **Partage des grains.** — Après avoir prélevé, à son profit, les semences qu'il avait fournies, il partage avec l'entrant, chaque soir, le blé battu dans le courant de la journée.

72. **Pailles.** — Les pailles sont engrangées et mises en barges suivant les instructions de l'entrant.

73. **Sèves de bois taillable.** — Si le fermier sort avant la fin de son bail, il lui est tenu compte des sèves du bois taillable auxquelles il a droit, après avoir toutefois déduit les frais d'abat et de charroi, ainsi que les intérêts de la somme versée depuis le jour du payement jusqu'au jour de la coupe.

74. **Visite et montrée et état de lieux ensemencés** — A la sortie du fermier, il est fait une visite des bâtiments, des arbres et des clôtures. Après le 24 juin, une autre visite constate l'état des ensemencés. Ces deux visites, payées par moitié entre les fermiers, ont lieu en présence du propriétaire qui seul a qualité pour exercer des poursuites contre le fermier sortant, et pour transiger au sujet des malversations commises, à moins de stipulations contraires.

75. **Réparations locatives à la charge du fermier.** — D'après l'art. 1754 du Code civil, le locataire est tenu aux réparations à faire aux âtres, contre-murs, chambranles et tablettes des cheminées ; au récrépiment du bas des murailles des appartements et autres lieux d'habitation, à la hauteur d'un mètre ; aux pavés et carreaux des chambres lorsqu'il y en a seulement quelques-uns de cassés ; aux vitres, à moins qu'elles ne soient cassées par la grêle ou autres accidents extraordinaires et de force majeure, dont le locataire ne peut être tenu ; aux portes, croisées, planches de cloison ou de fermeture de boutique, gonds, targettes et serrures.

Les autres réparations locatives établies par l'usage sont principalement celles à faire au pavage supérieur et intérieur des fourneaux de cuisine, ainsi qu'à leurs réchauds en fonte brûlés ou cassés ; à l'embouchure et à l'aire des fours ; aux mangeoires et aux râteliers des écuries, étables et bergeries ; aux auges en pierre, aux bornes et aux barrières ; aux rouets, poulies et mains de fer des puits, dont la corde doit être fournie par le locataire ; au piston, à la tringle et au balancier des pompes ; aux allées sablées, parterres, plates-bandes, bordures et gazons des jardins ; aux vases, caisses et bancs des jardins ; aux grilles, vannes, tournants et travaillants, ustinsiles et objets mobiliers des moulins : enfin, au récrépiment des murailles entières dans les bâtiments ruraux, où des fagots, bourrées et autres morceaux de bois, de fer ou de pierre sont jetés sans précaution. — Relativement aux réparations locatives les articles 1730 et 1731 du Code civil, sont ainsi conçues : Article 1730, s'il a été fait un état des lieux entre le bailleur et le preneur, celui-ci doit rendre la chose telle qu'il l'a reçue, suivant cet état, excepté ce qui a péri ou a été dégradé par vétusté ou force majeure. Article 1731, s'il n'a pas été fait d'état des lieux, le premier est présumé les avoir reçus en bon état de réparations locatives et doit les rendre tels, sauf la preuve contraire.

76. **Vétusté, force majeure.** — Aucune des réparations locatives n'est à la charge des fermiers ou locataires quand elles ne sont occasionnées que par vétusté ou force majeure. (Code civil, 1755.)

77. **Réparations à la charge du propriétaire.** — Les grosses réparations sont à la charge du propriétaire. à moins qu'il ne soit prouvé que le locataire ou fermier a malversé. Le curage des puits et celui des fosses d'aisances sont aussi à la charge du propriétaire. (Code civil. 1756.)

CULTURE DES IMMEUBLES RURAUX.

78. **Assolement par tiers.** — Dans le canton de Montfort, l'assolement par tiers est le plus usité. notamment dans les terrains légers et sablonneux.

Il s'exécute de la manière suivante :

1re année : froment, méteil ou seigle fumés.

2e année : seigle-retour, orge, avoine avec trèfle.

3e année : trèfle, vesces, céréales et autres herbes fourragères coupés en vert, navets (sarrasin à graine).

Cette troisième sole peut être ensemencée au printemps en betteraves, citrouilles, chanvres, pommes de terre, maïs. pois, etc., dans toute l'étendue où il n'aura pas été récolté de navets, sans que la portion fumée puisse excéder la moitié de ces ensemencés.

Etant observé que toutes herbes artificielles, autres que les trèfles et maïs, ne doivent pas être récoltées à graine, sauf cependant l'étendue nécessaire pour opérer un réensemencement.

70. **Par quart.** — L'assolement par quart est suivi dans les fermes et bordages dont les terres sont en partie argileuses ou plus compactes, où l'on récolte des céréales les deux premières années. pour semer ensuite. dans le courant des deux autres années, des plantes fourragères. Cependant, au cours de la première année de repos. il pourra

être ensemencé un tiers de la cotaison en navets et sarrasin dans les terres légères non ensemencées en trèfle. Il n'est fait de chanvre, citrouilles, betteraves, pommes de terre, maïs, pois, etc., que sur les deux tiers de la quatrième sole, et il ne peut être fumé que la moitié de ces ensemencés.

80. Les bons cultivateurs varient leurs ensemencés le plus qu'il leur est possible, sachant que la terre se lasse de produire souvent les mêmes récoltes.

81. **Fumier, quantité par hectare.** — La fumure se fait principalement avec des engrais d'écurie à demi consommés, à raison de 10 à 20,000 kilogrammes par hectare selon les ressources de la localité. Ces engrais sont enterrés aussitôt après leur transport dans les champs.

82. **Semences à employer par hectare.** — La quantité de semences employées par hectare est de 9 à 12 doubles décalitres de froment ; de 6 à 8 doubles décalitres de seigle ; de 8 à 12 doubles décalitres de méteil ; de 7 doubles décalitres d'orge et de 9 doubles décalitres d'avoine.

Soit pour 44 ares :

Froment, 4 boisseaux, 12 litres, 40 centilitres ; Méteil, 4 boisseaux. 8 litres ; Seigle. 3 boisseaux, 1 litre, 60 centilitres ; Orge, 3 boisseaux. 1 litre, 60 centilitres ; Avoine, 4 boisseaux (le boisseau de 20 litres).

83. **Sarclage.** — Au printemps, les mauvaises herbes sont soigneusement arrachées dans les céréales, pommes de terre, maïs. etc.

84. **Ecot de blé, hauteur.** — A la récolte. les blés sont sciés ou fauchés à environ 8 centimètres de terre.

85. Le battage terminé, les pailles sont engrangées sans retard.

86. **Fumier, Céréales indûment récoltées.** — Un fumier entier est dû par chaque année de céréales indûment récoltées. leurs pailles restent en outre sur l'endroit.

87. **Ensemencé en potages, racine ou herbe.** — Le fermier qui ensemence en potage, en racines ou en herbe un champ destiné à des céréales, rend une quantité de paille égale à celle dont l'endroit a été privé, sous la déduction toutefois des fourrages récoltés.

88, **1/2 Fumier** — Les céréales et les plantes fourragères. enterrées au moment de la floraison, comptent pour un demi-fumier.

89. **Labourage.** — Lorsque le terrain est sain. il est permis de labourer à toutes profondeurs et dans toutes directions, pourvu qu'il n'en résulte aucune gêne ultérieure.

90. Dans le courant d'un bail de six ans, le fermier laisse reposer quatre ans les terres labourables qu'il a été dispensé de fumer à cause de leur mauvaise qualité.

91. **Taille des haies, jeunes souches.** — Les haies des champs. des prés et des bois, qui ne sont pas assujetties aux lois de voisinage. se taillent une seule fois dans le courant de six, huit ou neuf ans. sur friche. si les champs sont assolés par quart ; sur ensemencé de gros blé. si les champs sont assolés par tiers. Les jeunes sujets convenables pour faire des souches ou baliveaux sont conservés de manière à ce qu'il y ait. autant que possible. une souche ou un baliveau par cinq mètres de haies.

92. **Haies des Vignes.** — Les haies des vignes et des jardins, à quelque distance qu'elles soient du voisin, se taillent ainsi qu'il est expliqué à l'article 31.

93. **Réparations des talus et fossés.** — Les talus et fossés sont soigneusement réparés toutes les fois qu'ils en ont besoin, et surtout après que les haies ont été taillées.

94. **Emondage.** — Il est défendu au fermier d'émonder les arbres fruitiers et les arbres à haute tige. ou de changer l'état des haies, soit pour en arracher le bois. soit pour en prendre la terre.

95. **Prés. rigoles.** — Les prés sont entretenus en bon état. sans taupinières ni fourmillières. Leurs bians et rigoles sont curés aussi souvent qu'il est nécessaire.

96. **Regains.** — Les regains ne sont coupés que dans le courant de l'année où les prés ont été fumés ; les autres années, ils sont consommés sur place.

97. **Bois. taillis.** — Les bois taillis sont exploités quand ils ont atteint l'âge de neuf à douze ans. Leur coupe est assez nette et assez inclinée pour que les eaux pluviales ne pénètrent pas dans le cœur des souches. L'enlèvement des fagots et des bourrées est terminé avant le 1er avril.

98. **Interdiction aux Chèvres et Moutons.** — L'entrée des bois taillis est sévèrement interdite aux chèvres et aux moutons. En hiver. elle est tolérée pour les chevaux, quand le bois a plus de six ans.

99. **Bruyères.** — Les bruyères et les genets des clairières ne se coupent qu'avec les haies et les taillis.

100. **Eclaircissage des sapins.** — Le premier éclaircissage des sapins se fait à l'âge de six à huit ans. en les espaçant de trente à quarante centimètres. Les autres éclaircissages ont lieu tous les deux ou trois ans.

101. **Emondage des Sapins.** — En émondant les sapins, on a soin de laisser au moins quatre couronnes et le bouquet (la pousse des cinq dernières années) aux arbres qui n'ont pas atteint l'âge de vingt ans, aux arbres plus âgés. on conserve six couronnes au moins.

102. **Bestiaux.** — Ce n'est qu'après le troisième éclaircissage que les bestiaux sont introduits dans les sapinières.

103. **Sapinettes. bruyères.** — Les sapinettes sont considérées comme combustibles ; les bruyères sont considérées comme litière.

104. **Plantation d'arbres.** — Le propriétaire a le droit de planter sur ses immeubles tous et tels arbres que bon lui semble, pourvu que ses plantations ne portent pas de préjudice grave au fermier.

105. **Entretien des arbres.** — Celui-ci doit bêcher. épiner, nettoyer annuellement les arbres fruitiers dont il a été chargé par l'état des lieux ou par son bail. tous ceux d'ailleurs qu'il a trouvés en entrant. ainsi que les arbres servant à remplacer ceux qui ont péri ou qui auront été plantés au cours de sa jouissance dans les conditions indiquées dans l'art. 104 qui précède.

106. **1/3 des Sauvageons.** — A moins d'une sécheresse extraordinaire. il rend en bon état les deux tiers des sauvageons dont il s'est chargé; en justifiant toutefois des plantations auxquelles il était tenu. Il ne répond des autres sauvageons et des arbres à noyau qu'autant qu'il a malversé.

107. **Plantation. Greffes.** — Le fermier ne peut planter ni greffer qu'avec le consentement du propriétaire.

108. **Erussage.** — Est toléré l'érussage des souches taillées depuis deux ans à condition qu'il n'ait lieu qu'après le 15 août et que la pointe de chaque branche reste garnie de feuilles.

107. **Élagage.** — L'échenillage. le hannetonnage et l'élagage sont

à la charge du fermier. Le propriétaire doit être prévenu, s'il est possible, du jour de l'élagage. Dans tous les cas, il doit être instruit de la quantité et de l'âge du bois abattu.

110. **Boucs. Chèvres.** — Il ne peut être élevé de boucs ni de chèvres dans les fermes et bordages sans le consentement formel du propriétaire.

111. **État de lieux.** — Les états de lieux faits par le propriétaire, dans le courant du bail, sont à ses frais si les malversations commises ne sont pas importantes.

112. **Ramonage.** — Tout locataire ou fermier est tenu de faire ramoner, au moins deux fois par an, les cheminées où il fait habituellement du feu.

113. **Bestiaux malades.** — Tout détenteur ou gardien d'animaux ou de bestiaux soupçonnés d'être infectés de maladies contagieuses, avertit sur-le-champ le maire de la commune où ils se trouvent, et les renferme même avant que le maire ait répondu à l'avertissement.

Les animaux ou bestiaux infectés ne peuvent communiquer avec d'autres. (Code pénal, art. 459 et 460.) Les animaux atteints du typhus doivent être abattus, mais suivant la loi du 11 juin 1866, les indemnités allouées pour tous les animaux dont l'autorité ordonne l'abatage par suite du typhus contagieux des bêtes à cornes, seront fixées aux trois quarts de leur valeur. (Voir les instructions à suivre en pareil cas au *Recueil des Actes administratifs*, qui se trouve dans toutes les mairies, année 1871, n° 12, page 95.)

114. **Enfouissement.** — Les bestiaux morts sont enfouis dans la journée à un mètre un tiers de profondeur, par le propriétaire et dans son terrain, ou voiturés à l'endroit désigné par le maire pour y être également enfouis. (Loi des 28 septembre, 6 octobre 1791.)

PIÈCES DÉTACHÉES

115. **Consentement du Propriétaire.** — Le fermier ou bordager ne doit prendre, pour en confondre la culture, la fumure ainsi que les pailles et engrais, des terres labourables comme pièces détachées (volantes ou volages) qu'avec le consentement du propriétaire de la ferme ou du bordage.

116. **Pailles. Engrais.** — Les pailles de la pièce détachée appartiennent à la ferme ou au bordage qui a fournis les engrais.

117. **Assolement.** — Toute pièce détachée et présumée avoir été prise sans paille ni engrais, elle n'est assujettie à aucun assolement régulier, sans qu'il puisse cependant être fait sur le même engrais plus de deux récoltes épuisantes, c'est-à-dire plus de deux récoltes venues à maturité.

118. **Haie taillable.** — Les haies d'une pièce détachée se taillent tous les six ans.

119. **Battage et dépôt des récoltes.** — Si le fermier d'une pièce détachée a trouvé en entrant de la paille ou de l'engrais, il doit, à sa sortie, battre ses gerbes dans le champ et y mettre la paille en barge.

120. **Jouissance.** — La jouissance d'une pièce détachée cesse entièrement le 1er novembre.

121. **Temps de la location.** — Une pièce détachée, n'ayant aucun assolement régulier, est censée louée pour un an.

122. **Engrais.** — Si le fermier est expulsé à la fin de l'année où il a fumé, il lui est tenu compte du tiers de ses engrais.

POLICE

123. Le plus promptement possible, on instruit le maire, le juge de paix et la gendarmerie de tous les meurtres, suicides, empoisonnements, morts subites, vols, incendies et autres malheurs graves arrivés dans une commune du canton. S'il s'agit d'une mort violente ou d'une mort dont la cause soit inconnue ou suspecte, l'inhumation ne pourra avoir lieu qu'après l'accomplissement des mesures prescrites par les articles 81 du Code civil, et 44 du Code d'instruction criminelle ; il en sera donné avis immédiatement au juge de paix, auxiliaire du procureur de la République. (Art. 49 du même Code.)

124. Mais sans attendre l'arrivée du maire ou du juge de paix, on s'empresse de porter secours aux personnes qui, victimes d'un crime ou d'une imprudence, peuvent être rappelées à la vie.

125. Si l'on a la certitude qu'une personne est morte et si l'on soupçonne qu'elle a été tuée, pendue, noyée, empoisonnée, etc., on évite de détruire les preuves d'un crime ou d'un délit.

Le juge de paix, soussigné, a établi cette nouvelle instruction, avec les modifications nécessitées par le temps et les besoins, sur une première instruction rédigée par M. Guiet, son prédécesseur, le 12 juillet 1842, et sur les renseignements qui lui ont été fournis en dernier lieu par les notables fonctionnaires, propriétaires, cultivateurs du canton, particulièrement par MM. Landry et Thoury, experts à Montfort, et qui ont, de concert avec lui et autres, indiqué le mode d'assolement et de culture suivi et à suivre pour le meilleur résultat dans l'intérêt des propriétaires comme des fermiers.

Étant d'ailleurs bien entendu que la présente instruction ne doit valoir que comme renseignements ou conseils à l'égard de tout ce qui est ou peut être réglé par la loi, que les usages ne doivent remplacer, généralement, que quand elle est restée muette ou qu'elle a renvoyé à ces usages.

Montfort, le 5 août 1876.

H. GUÉRIN.

Les soussignés déclarent que les instructions ci-dessus leur semblent conformes aux usages du canton de Montfort. Ont signé les ci-après nommés, habitant les communes suivantes :

Ardenay, M. GESLIN, propriétaire-cultivateur, maire ;

Le Breil, MM. GOUPIL, propriétaire et maire ; DE BLÉGNY, propriétaire, adjoint et vice-président du Comice agricole ; BOUDVIN, notaire et conseiller municipal ; AUGER, cultivateur-propriétaire ;

Saint Célerin, MM. ROUAULT, cultivateur-propriétaire et maire ; TORTEVOIE, propriétaire-cultivateur, adjoint ; HATTON, propriétaire-cultivateur et conseiller municipal ;

Connerré, MM. GOUDEAU, notaire honoraire et maire ; GUÉDON, notaire ; MORTIER, cultivateur et conseiller municipal ;

Saint-Corneille, M. HAENTJENS, Officier de la Légion d'honneur, député, conseiller général et président du Comice agricole du canton, maire de cette commune ;

Champagné, MM. MORTIER, adjoint ; MAIGRET, cultivateur ;

Fatines, M. DORISON, cultivateur-propriétaire et maire ;

Lombron, M. MAUGÉ, propriétaire-cultivateur et maire ;

Saint-Mars-la-Brière, MM. PAPIN, négociant et maire ; CHEVALIER, propriétaire-cultivateur et adjoint ; LEVEAU, cultivateur ;

Montfort, MM. CHEVALIER, notaire et adjoint ; LANDRY, conseiller municipal, expert et greffier de paix ; THOURY, conseiller municipal, expert et suppléant ; Léon HABERT, huissier ; MICHEL, agent voyer en retraite et secrétaire du Comice agricole ; LEROY, cultivateur et conseiller municipal ; HERVÉ, commis d'expertise ; Marquis DE NICOLAY, maire ;

Nuillé-le-Jalais, M. FLEURIAU, adjoint et propriétaire-cultivateur ;

Pont-de-Gennes, MM. FROGER, propriétaire et maire ; JUIGNER, cultivateur ;

Sillé-le-Philippe, MM. le comte OGIER D'IVRY, Officier de la Légion d'honneur, référendaire à la Cour des comptes et maire de Sillé ; PICHON, propriétaire et adjoint ;

Soulitré, M. DE GUIBERT, propriétaire et maire ;

Torcé, M. FOUSSARD, notaire et maire.

Le Mans. — Association Ouvrière Hetrot-Guenet et Cie

www.ingramcontent.com/pod-product-compliance
Ingram Content Group UK Ltd.
Pitfield, Milton Keynes, MK11 3LW, UK
UKHW022210190726
13855UKWH00004B/1703

9 782013 045148